BEI GRIN MACHT SICH IHR WISSEN BEZAHLT

AF148898

- Wir veröffentlichen Ihre Hausarbeit, Bachelor- und Masterarbeit

- Ihr eigenes eBook und Buch - weltweit in allen wichtigen Shops

- Verdienen Sie an jedem Verkauf

Jetzt bei www.GRIN.com hochladen und kostenlos publizieren

Stephanie-Alexandra Meier

Zusammenarbeit mit privaten Sicherheitsdiensten im Zusammenhang mit Veranstaltungen

GRIN Verlag

Bibliografische Information der Deutschen Nationalbibliothek:

Die Deutsche Bibliothek verzeichnet diese Publikation in der Deutschen National-
bibliografie; detaillierte bibliografische Daten sind im Internet über http://dnb.d-
nb.de/ abrufbar.

Dieses Werk sowie alle darin enthaltenen einzelnen Beiträge und Abbildungen
sind urheberrechtlich geschützt. Jede Verwertung, die nicht ausdrücklich vom
Urheberrechtsschutz zugelassen ist, bedarf der vorherigen Zustimmung des Verla-
ges. Das gilt insbesondere für Vervielfältigungen, Bearbeitungen, Übersetzungen,
Mikroverfilmungen, Auswertungen durch Datenbanken und für die Einspeicherung
und Verarbeitung in elektronische Systeme. Alle Rechte, auch die des auszugsweisen
Nachdrucks, der fotomechanischen Wiedergabe (einschließlich Mikrokopie) sowie
der Auswertung durch Datenbanken oder ähnliche Einrichtungen, vorbehalten.

Impressum:

Copyright © 2012 GRIN Verlag GmbH
Druck und Bindung: Books on Demand GmbH, Norderstedt Germany
ISBN: 978-3-656-19479-8

Dieses Buch bei GRIN:

http://www.grin.com/de/e-book/194362/zusammenarbeit-mit-privaten-sicherheits-
diensten-im-zusammenhang-mit-veranstaltungen

GRIN - Your knowledge has value

Der GRIN Verlag publiziert seit 1998 wissenschaftliche Arbeiten von Studenten, Hochschullehrern und anderen Akademikern als eBook und gedrucktes Buch. Die Verlagswebsite www.grin.com ist die ideale Plattform zur Veröffentlichung von Hausarbeiten, Abschlussarbeiten, wissenschaftlichen Aufsätzen, Dissertationen und Fachbüchern.

Besuchen Sie uns im Internet:

http://www.grin.com/

http://www.facebook.com/grincom

http://www.twitter.com/grin_com

Fachhochschule für öffentliche Verwaltung NRW

Abteilung Münster / Studienort Bielefeld

Studienabschnitt: Fachmodul 3

Fachbereich Polizeivollzugsdienst

Fach: Einsatzlehre

Zusammenarbeit mit privaten Sicherheitsdiensten im Zusammenhang mit Veranstaltungen

Studienarbeit / Referat

Stephanie A. Meier

Abgabedatum: 30.03.2012

Inhaltsverzeichnis

1. Einleitung

Seit mehreren Jahrzehnten wird durch die Polizei, Politik und Wirtschaft kontrovers über die Übernahme von Dienstleistungen durch private Sicherheitsunternehmen diskutiert. Im Vordergrund der Diskussion steht das staatliche Gewaltmonopol, welches nicht an private Unternehmen abgegeben werden bzw. nicht unterlaufen werden soll. Klassische Aufgabe der Polizei ist die Gefahrenabwehr und Strafverfolgung. Gem. Art. 33 GG sind dies hoheitliche Aufgaben, welche durch Hoheitsträger des öffentlichen Dienstes ihre Ausübung finden und gesetzlich verankert sind. Die Polizei ist wesentlicher Garant für die Innere Sicherheit und ist an Gesetze gebunden.[1] Die Aufgaben der Sicherheitsunternehmen bestehen dagegen darin, Aufträge zum Schutz und zur Sicherheit von Kunden gegen Bezahlung auszuführen. Bei Veranstaltungen sind diese dem Veranstalter vertraglich unterworfen und sollen das Hausrecht durchsetzen. Die Befugnisse dazu sind jedoch nicht konkret gesetzlich geregelt. Es gelten hier die Bestimmungen des § 34 a GewO. Wider dieser Diskussionen haben diverse private Unternehmen ihre Sicherheitsdienstleitungen in den letzten Jahrzehnten stark ausgebaut und sind u.a. im ÖPNV, bei Fußballspielen, im Objektschutz, auf Volksfesten und diversen anderen Events vertreten und nicht mehr wegzudenken.

Inzwischen gibt es bundesweit etwa 3700 private Sicherheitsunternehmen mit insgesamt ca. 170 000 Beschäftigten und rund 4,6 Milliarden Euro Umsatz pro Jahr. Demgegenüber stehen ca. 250 000 Polizeibeamte.[2]

Aufgrund der Rahmenbedingungen für mein o.g. Referat kann ich nicht auf die gesamte Komplexität dieses Themenbereiches eingehen. Ich werde aber eine kurze Einführung zu Veranstaltungen und eine Abgrenzung zu Versammlungen vornehmen sowie Beispiele hierfür anführen. Weiterhin erkläre ich, wann die Polizei bei Veranstaltungen tätig wird und welche Befugnisse private Sicherheitsunternehmen haben. Ich nenne deren Tätigkeitsbereiche und Aufgabenteile, stelle kurz die Zusammenarbeit mit der Polizei dar und nenne Beispiele hierfür. Weiterhin zeige ich Probleme und Ursachen auf, die sich in der

[1] Vgl. Polizei und Private Sicherheitsdienste, Modelle und Erfahrungen, Texte, Nr. 8, 1996 , Seite 9 ff. und Privates Sicherheitsgewerbe, Seminar der Polizei Führungsakademie, 1996, Seite 11 ff.
[2] Vgl. auch 44. Jahresmitgliedsversammlung des Bundesverbandes Deutscher Wach- und Sicherheitsunternehmen e.V.(BDWS) vom 26.05.2011 zur Sicherheitsarchitektur und private Sicherheitsdienste

Zusammenarbeit ergeben können. Im Anschluss ziehe ich ein Fazit mit Ausblick in die Zukunft.

2. Definition Veranstaltung mit Abgrenzung zur Versammlung

„Veranstaltungen sind organisierte Ereignisse, insbesondere sportlicher, kultureller, kirchlicher, wirtschaftlicher oder gesellschaftlicher Art, bei denen eine Vielzahl von Personen zusammenkommt, ohne Versammlung zu sein."[3]

Veranstaltungen können öffentlicher oder privater Natur sein. Im Gegensatz zu Versammlungen fehlt es an der Erörterung öffentlicher Angelegenheiten oder Einwirkung auf die Öffentlichkeit.

2.1 Beispiele für Veranstaltungen

Die Beispiele und erheben keinen Anspruch auf Vollständigkeit und sollen lediglich das Spektrum denkbarer Veranstaltungen aufzeigen:

Schützenfeste, Zeltfeste, Stadtfeste, Weihnachtsmärkte, Kirmes, Karnevalsumzüge, Sportveranstaltungen, wie z.B. Sportwerbewochen, Fußballspiele, Radrennen, Laufveranstaltungen, Konzerte oder Straßenzüge, wie z.B. Carnival der Kulturen, Straßentheater, Kirchentage, Jugendlager, Love Parade.[4]

3. Aufgaben der Polizei mit Blick auf Veranstaltungen

Neben dem gesetzlichen Auftrag wird die Einsatzwahrnehmung der Polizei im Wesentlichen durch Polizeidienstvorschriften, auch für die Aufgabenwahrnehmung bei Veranstaltungen, u.a. hier durch die PDV 100, konkret geregelt. In Bezug auf Veranstaltungen, wie z.B. Fußballspiele oder Volksfeste, hat die Polizei zunächst einmal keinen Einsatzanlass, wenn keine Gefahren für die öffentliche Sicherheit oder Ordnung bestehen und nicht von Straftaten auszugehen ist.

Gefahren können jedoch aus folgenden Punkten hervorgehen und machen die Veranstaltung zur Einsatzlage der Polizei: Aufgrund der Veranstaltungsart, des Zwecks, der Teilnehmer selbst (z.B. Menschenmassen), bei der An- oder Abreise,

---

[3] Zitiert PDV100, S. 43,Nr. 4.1.1.1, 2. Nachtrag April 2010 Bundesrecht

[4] Handbuch für Führung und Einsatz der Polizei, Kommentar zur PDV 100, 4.1, A Definition Veranstaltungen, 40.Erg. LfG, März 2009

durch den Veranstaltungsort oder deren Zugänge, aufgrund fehlender Fluchtwege, aufgrund der Medienwirksamkeit oder wenn die Tatgelegenheiten durch die Veranstaltung für Ordnungswidrigkeiten und Straftaten erhöht werden. Um die Gefahrenlage beurteilen zu können, muss die Polizei bestrebt sein, frühzeitig Kenntnis von Veranstaltungen zu erlangen. Die Polizeibehörden führen hierfür sogenannte Veranstaltungskalender und arbeiten mit den originär zuständigen Behörden (u.a. Ordnungsamt/ Gewerbeamt) zusammen und weisen den Veranstalter auf Sicherheitsvorkehrungen und seine obliegenden Pflichten hin, z.B. Hinweis auf den Einsatz von qualifiziertem Ordnungsdienst. Die Polizei nimmt Aufgaben für originär zuständige Behörden nur dann wahr, wenn diese nicht rechtzeitig tätig werden können.[5]

Die Polizei ist für präventive und repressive Tätigkeiten außerhalb des Veranstaltungsbereiches zuständig. Die Polizei kann die Veranstaltung bei Nichteinhalten behördlicher Auflagen auch verbieten oder an einen anderen Ort verlegen lassen.[6]

4. Befugnisse der Sicherheitsdienste allgemein

Betrachtet man die Mitarbeiter eines Sicherheitsunternehmens, so ist festzustellen, dass diese häufig innerhalb kürzester Zeit für den Sicherheitsdienst ausgebildet werden und keinerlei rechtliche Befugnisse haben, um in die Grundrechte eines Bürgers eingreifen zu dürfen, siehe § 34 a GewO. Mitarbeiter von Sicherheitsdiensten sind nach §855 BGB Besitzdiener des Veranstalters und werden als Erfüllungs- bzw. Verrichtungsgehilfen tätig, um das Hausrecht des Veranstalters durchzusetzen. Sie dürfen sich lediglich wie jeder Bürger bei ihren Handlungen auf die sogenannten „Jedermannrechte" in Ausnahmesituationen berufen.

4.1 Tätigkeitsbereiche von Sicherheitsdiensten

Die folgenden Aufzählungen und genannten Beispiele erheben keinen Anspruch auf Vollständigkeit und sollen lediglich das Spektrum aufzuzeigen.
- Durchführung von Objektschutz / Personenschutz / Veranstaltungsdienst
- Unterhalten von Sicherheitsanlagen- und -technik

---

[5] Siehe PDV100, S. 43, Nr. 4.1.1.2—4.1.1.5, 2. Nachtrag April 2010 Bundesrecht

[6] Handbuch für Führung und Einsatz der Polizei, Kommentar zur PDV 100 , 4.1.2.-4.1.4, A Rolle der Polizei, 40.Erg. LfG, März 2009

- Anbieten von Ermittlungsdiensten (Detektive)
- Durchführung von Geld- und Werttransporten
- Anbieten von Veranstaltungsschutz / Werkschutz und Pförtnertätigkeiten
- Sowie die Durchführung von Empfangs- und Kontrolldiensten und
  Schutzmaßnahmen innerhalb Einkaufszentren, ÖPNV und Stadtbereichen.

4.2. Aufgaben von privaten Sicherheitsdiensten bei Veranstaltungen am Beispiel von Fußballspielen

- Bestreifung des Außenbereiches

- Einlasskontrollen mit Taschenkontrollen

- Innenschutzmaßnahmen /Überwachung der Flucht- und Sicherheitswege und Ein-/ Ausgänge/ Verhinderung von Überklettern der Absperrungen

- Beobachten des Innenraumes und Durchsetzung des Hausrechtes im Falle von Verstößen gegen dieses, wie z.B.: durch stark alkoholisierte Personen.

- Überwachung der Fanblöcke mit Kameras

- Schutz des Backstagebereichs

- Zusammenarbeit mit Behörden und Organisationen mit Sicherheitsaufgaben (BOS)

5. Zusammenarbeit der Polizei mit privaten Sicherheitsdiensten

Die Zusammenarbeit der Polizei mit privaten Sicherheitsdiensten entspricht dem des kooperativen Staates. D.h., die Leistungen des Staates sollen u.a. durch gewerbliche Wach- und Sicherheitsunternehmen ergänzt werden. Die Tätigkeiten dieser finden jedoch ihre Grenzen dort, wo hoheitliche Aufgaben ausschließlich Hoheitsträgern übertragen sind.[7] Um schnittstellenübergreifend handeln zu können, ist eine Kooperation beider Seiten unabdingbar. Seit 1999 wurden Kooperationsverträge zwischen der Polizei und dem BDWS[8] für dessen Mitgliedsbetriebe geschlossen. Zunächst waren es die Städte Frankfurt, Düsseldorf, Wiesbaden und Essen, welche private Sicherheitsdienste zur Begleitung und Kontrolle von öffentlichen Verkehrsmitteln einsetzten. Mittlerweile bestehen auf Länder- und Bundesebene 32 Kooperationsvereinbarungen mit 123 Sicherheitsunternehmen, welche durch eine eingesetzte Arbeitsgruppe des Arbeitskreises II der Innenministerkonferenz festgestellt wurde.[9] Die Kooperationsverträge schaffen gemeinsame Standards in der

---

[7] Vgl. PDV 100, S. 14,15 Nr. 1.7.2.3. Private, 2. Nachtrag April 2010 Bundesrecht und vgl.
BKA Forschungsreihe, Polizei und Sicherheitsgewerbe, S. 64.
[8] Bundesverband Deutscher Wach- und Sicherheitsunternehmen
[9] Vgl. auch 44. Jahresmitgliedsversammlung des Bundesverbandes Deutscher Wach- und Sicherheitsunternehmen e.V.(BDWS) vom 26.05.2011 zur Sicherheitsarchitektur und private Sicherheitsdienste

Zusammenarbeit von Polizei und privaten Sicherheitsdiensten, und tragen zur Stärkung des Sicherheitsgefühls der Bürger bei. Das gemeinsame Ziel bei Veranstaltungen ist das Gewährleisten eines störungsfreien Ablaufes und der Schutz der selbigen.

5.1. Beispiele für die Zusammenarbeit von Polizei und privaten Sicherheitsdiensten

- Gemeinsame Streifen von Polizei und PSD in U-Bahnen, Einkaufsstraßen und City-Passagen, Schutz von Großveranstaltungen, z.b. Fußballspiele und Oktoberfest

- Alarmauslösung und Meldung über die Sicherheitsdienste und Wahrnehmung durch die Polizei[10]

5.2 Ursachen und Probleme in der Zusammenarbeit bei Veranstaltungen

Eine Ursache für mögliche Probleme in der polizeilichen Zusammenarbeit mit privaten Sicherheitsdiensten liegt in der Verantwortung des Veranstalters. Der Veranstalter ist zunächst für die gesamte Organisation seiner Veranstaltung verantwortlich. Eingeschlossen ist die Auswahl seines Sicherheitskonzeptes, inklusive der Auswahl seiner Ordnungsdienste. Diese werden nicht immer nach Qualität, sondern z.T. im Rahmen der Kostenminimierung ausgesucht.[11] Strengere Maßstäbe für Großveranstaltungen werden erst seit der Love Parade 2010 angesetzt. Das MIK hat im Jahr 2011 ein Genehmigungsverfahren für Großveranstaltungen eingeführt, in dem vorab ein Sicherheitskonzept durch die Veranstalter vorzulegen ist.[12] Probleme in der Zusammenarbeit zwischen Polizei und PSD ergeben sich insbesondere immer dann, wenn Melde- und Kommunikationswege zwischen den eingesetzten Organisationen nicht eingehalten oder abgestimmt werden. Einhergehend sind damit Informationsverluste, die die Arbeit der jeweiligen Institution erschweren. Dies ist ebenfalls beim Einsatz unterschiedlicher FEM der Fall, wenn es keine organisierten Kommunikationspläne gibt. Wenn keine einheitliche Einsatzakten, Karten und Pläne für den Veranstaltungsraum und den öffentlichen Bereich bereitgestellt werden und Aufgabengebiete sowie die verschiedenen Lageentwicklungen gemeinsam erörtert, definiert und verteilt wurden und Absprachen in Bezug auf die Einschreitschwellen fehlen. Wenn schlecht

---

[10] Siehe Polizei und Private Sicherheitsdienste, Modelle und Erfahrungen, Texte, Nr. 8, 1996, S.6

[11] Handbuch für Führung und Einsatz der Polizei, Kommentar zur PDV 100 , 4.1, A Rolle der Polizei, 40.Erg. LfG, März 2009

[12] Erlass des MIK NRW, "Genehmigungsverfahren bei Großveranstaltungen", 71/38.05.01 vom 11.08.2010

ausgebildetes, unqualifiziertes Personal eingesetzt wird, welche ihre Befugnisse nicht kennen oder bewusst überschreiten oder psychisch oder physisch nicht in der Lage sind, die übertragenen Aufgaben zu übernehmen. Wenn es keine festen Verbindungspersonen für Absprachen gibt und es kein gegenseitiges Verständnis für die jeweiligen Aufgaben der Polizei oder des Sicherheitsdienstes gibt.

6. Fazit

Im letzten Jahrzehnt hat sich die die Zusammenarbeit zwischen Polizei und den privaten Sicherheitsdiensten regelmäßig verbessert und wird seitens der Wirtschaft und Politik gewünscht und durch die Polizei akzeptiert und mittels Kooperationsverträgen gefördert. Die Kooperationsverträge enthalten gemeinsam definierte Standards, um klare Strukturen und Sicherheit sowie Verlässlichkeit in der Zusammenarbeit zu schaffen. Die Aufgabenbereiche sind klar zu definieren und abzugrenzen. Viele Vereinbarungen lauten: „Erkennen", „Beobachten" und der Polizei melden. Gemeinsame Lagebesprechungen und Training der Einsatzlagen tragen zur Verbesserung der Zusammenarbeit und Stärkung des gegenseitigen Verständnisses bei. Der Informationsaustausch hat unter Berücksichtigung des Datenschutzes zu erfolgen. Alle Sicherheitsunternehmen müssen einheitliche Ausbildungsstandards schaffen und regelmäßige Fortbildungen für die vielfältigen Anforderungen der verschiedenen Tätigkeitsfelder im Zusammenhang mit Veranstaltungen durchführen. Die regelmäßige Überprüfung von Führungszeugnissen ist zu gewährleisten.

Die Einführung des Mindestlohns und das Schaffen von Ausbildungsberufen sowie Studiengängen im Bereich Sicherheitsmanagements haben den Ruf des Sicherheitsgewerbes in den letzten Jahren bereits aufgewertet und sind auf einem guten Weg in die Seriosität. Insbesondere für die Zusammenarbeit bei Veranstaltungen sind gemeinsame Lagezentren und Leitstellen einzurichten, die Schnittstellen zu definieren und die übergreifende Zusammenarbeit an den Nahtstellen zu optimieren. Hierfür muss die Zusammenarbeit auf örtlicher Ebene durch gemeinsame Trainings, Austausch von FEM und abgestimmten Planunterlagen und -entscheidungen, Austausch von Verbindungsbeamten intensiviert werden. Im Ergebnis wird die Zusammenarbeit mit privaten Sicherheitsunternehmen optimiert und entspricht dem kooperativen Staat.

Literaturverzeichnis

- Berberich, Armin, Feltes, Thomas, Spöcker, Wolfgang, „Polizei und Private Sicherheitsdienste / Modelle und Erfahrungen", Texte der Fachhochschule Villingen-Schwenningen, Nr. 8, 1996

- GDP Positionspapier vom15.09.2000 http://www.gdp.de/gdp/gdp.nsf/id/Posa/$File/PosPrivate.pdf, letztmalig 29.03.2012,8:13 Uhr.

- 44. Jahresmitgliedsversammlung des Bundesverbandes Deutscher Wach- und Sicherheitsunternehmen e.V.(BDWS) vom 26.05.2011 zur Sicherheitsarchitektur und private Sicherheitsdienste http://www.bmi.bund.de/SharedDocs/Reden/DE/2011/05/psts_sicherheitsuntern ehmen.html?nn=366856 , letztmalig 29.03.2012,08:18 Uhr.

- Handbuch für Führung und Einsatz der Polizei, Kommentar zur PDV 100, Stand 2009/ 2010

- PDV 100, Stand 2009/2010

- Programm für Innere Sicherheit, Fortschreibung 2008 / 2009, Ständige Konferenz der Innenminister und -senatoren der Länder, 2009

- Pitschas, Rainer, „Polizei und Sicherheitsgewerbe", BKA – Forschungsreihe, Band Nr. 50, Wiesbaden 2000

- http://www.bdsw.de/cms/DSD/3-11/Sonderheft BDSW 03-2011.pd , letztmalig 28.03.2012, 22:00 Uhr

- Zimmermann, Hans-Martin, „Privates Sicherheitsgewerbe", Seminarband der Polizei-Führungsakademie, Münster-Hiltrup, 1996